JN410936

| 저승꽃 |

시인의 말

1년새 양친을 여의었다. 예고된 이별. 그래도 가슴은 먹먹하고 아팠다. 눈가에 맺힌 슬픔은 주름으로 자라난다. 쉰의 나이-이별에 익숙해지는(익숙해져야 하는) 나이다.

삶은 현실을 이끌지 못하고 오히려 그 현실에 지배당하곤 한다. 주체로 살고자 하는 욕망은 현실과 쉼없이 충돌한다. 버려야 하느니, 떠나야 하느니, 내려놓아야 하느니…… 몸으로 부딪히지 못하고, 관념으로 이해하고 받아들여야 하는 현실 앞에서 절망한다. 나는, 삶은 참 무력하다.

카페에 앉아 망연히 밖을 바라본다. 소리 없이 떨어져 내리는 가을 잎새를 보며 속울음이 끓어오른다. 삶이려니…… 하면서도 나 자신이, 삶이 참 슬프다. 그래서 시를 쓴다. 쉰의 나이-위로가 필요하다.

차 례

제1부_저승꽃

제2부_나는 누구인가

제3부 해탈

제4부_인도기행

제 1 부

저승꽃

이별연습

팔순의 어매는
잿불처럼 사위어간다.

무심한 자식이 하는 일이란
일주일에 한 번
요양원을 들르는 것뿐

안위를 묻고
답하고
일상적 대화뿐

그러다
울컥
쏟아지는 눈물

차마
어매의 얼굴을 대하지 못하고
도망치듯 병실을 나선다.

보내고
떠나야 할 시간이
다가오고 있음을

안다.

예고 없이 찾아오는
이별은 없다.

이별도
연습이 필요하다.

한 숨 잠에 죽고 싶다

- 살면 뭐 하노.
  나는 죽는 게 소원이데이-.

어매의 맥 잃은 목소리는
만날 때마다 되풀이된다.

멍한 얼굴로 우두커니 앉아있는
노인
링거병을 주렁주렁 매달고 있는
노인
자식이 보고 싶다며 울고 있는
노인

병실에는 온통 노인들뿐이다.
삶과 죽음은 어떤 의미인가.
철학적 질문은 공허하고 쓸데없다.

- 한 숨 잠에 죽고 싶다.

입버릇처럼 되뇌던 할매는
밤 새 세상을 떠났다.
구한말, 일제시대, 6 · 25를 겪고
딸 하나 달랑 구한 채
다른 자식 모두 떠나보내고
항아리, 들기름 등짐지고
조선팔도 떠돌며 연명했던
기구한 인생을 살았던 할매는
저녁 잘 잡숫고
자는 잠에 가셨다.

- 답답하게 생각하믄 한시도 못 있는데이-.

쓸쓸하게 흘리는 어매의 웃음 속에는
아직도 새색시의 수줍음이 남아 있다.

- 한 숨 잠에 죽고 싶다.

할매의 소원을
이 밤
병실의 차가운 침대 위에서
우리 어매도 되뇌고 있을 터.

어이할거나, 어이할거나.
우리 어매의 삶을 어이할거나.

오십 평생 모자간 정리(情理)는
헛되고 부질없다.

자식은 엄마의 피를 먹고 자란다

- 내대로 힘껏 먹는다.

호박죽을 받아먹으며
어매가 힘없이 내뱉은 말
생존을 위해서가 아니다.
입맛이 있어서도 아니다.
힘껏 먹어주는 게
어미로서 자식을 위해
할 수 있는 마지막 헌신이다.

- 여자는 불쌍하데이.

낮에는 농사일
밤에는 바느질
철없는 막내는 어매 품에 안겨
칭얼거렸다.
내가 먹는 하얀 젖이
실은 어매의 검붉은 피였다는 것을

철이 들어서야 알았다.

- 엄마, 막내 얼굴 알겠어?

어매가 소리 없이 웃는다.

- 알아.

어매는 서서히 말도, 기억도 잃어가고 있다.
막내를 위로하기 위해
안다고 하는지
아직은 기억이 남아있는지
알 수 없다.
그저 '알아'란 그 말이 고맙고
절로 눈물겹다.

- 고맙데이.

이 말은
어매의 유언일지도 모른다.

굴곡의 삶을 통해
어매가 깨달은 한마디 말

- 고맙데이.

서로 외면하며 살고 있는
자식들에게 주는
어매의 마지막 가르침이다.

이별

준비된 이별은
예고된 이별보다
더 아프다.
처음엔 무덤덤하다가
시간이 가고
날이 더할수록
아픔은 증폭된다.
영화 속 주인공처럼
감동을 주는
이별이 있는가.
서설(瑞雪)마저
이별을 축복하는 장면은
현실에서는
차라리
비극이다.
감동 있는 이별을 꿈꾸는가.
이별을 준비하지 마라.
준비된 이별은

폭력과도 같은 것
그대 봄눈처럼 떠나라.

이별을 위한 입맞춤

어매는
이승에서의 삶을 정리하셨는가.

- 엄마, 내가 누구?
- 막내야, 막내.
어제까지는 나를 알아보았다.

똑같은 질문에도
오늘은
말이 없다.

앙 다문 입은
말도
음식도
거부한다.

- 엄마, 막내야,
  나를 한번 봐.

아무리 애원해도
깊은 생각에 잠긴 듯
어매의 두 눈은
멀리 창밖을 향한다.

두 팔로 어매의 야윈 몸을 감싸 안고
두 손으로 얼굴을 쓰다듬으며
이마에 이별을 위한 긴 입맞춤을 한다.

- 어머님, 막내를 낳아주셔서 고맙습니다.
  키워주셔서 고맙습니다.

아내의 절규하듯 토하는 울음소리에

어매는
주루룩 흘러내리는 눈물로
마지막 고별을 한다.

- 엄마, 힘들지. 미안해. 도와주지 못해 미안해.

이제는 이별을 준비해야 할 시간
담담하게 받아들이려 애를 써도
예고된 이별은 아프다.

마지막 숨

어둑새벽
정적을 가르는 전화벨 소리
호출이다.
삭풍에 문풍지 떨리듯
가르륵 가르륵
어매의 거친 숨소리
석상처럼 둘러선
자식들
그저 바라보고만 있을 뿐
할 수 있는 일이 없다.
아프다
슬프다
얼굴 한번 찡그리지 않은
어매
그 모습에
울컥
서럽다.
찬 겨울의 시린 하늘도

바람도
서럽다.

깨어나고 싶지 않은 잠

어매는
이승을 여의었다.
새벽 다섯 시
어매와 나를 잇는
천륜의 끈도 끊어졌다.
어매의 얼굴을 감싸 안고
눈물 젖은 눈으로 부비며
마지막 인사를 한다.
마지막 순간까지 거칠게 뿜어내던
고통과 애환의 숨소리
차마 바라볼 수 없던
애절한 눈동자
이제 멈추고 감기었다.
한(恨)으로 곡절(曲折)된 어매의
여든 네해 인생은
잠자는 듯 평온한 얼굴에 담기었다.
어매는
꿈꾸듯 이승에 태어나

잠자듯 이승을 떠난 것이다.
어매도
나도
지금 꿈을 꾸고 있다.
영원히 깨어나고 싶지 않은
잠 속에서.

장'례'(葬'禮')

죽은 자의 슬픔은
오롯이 살아남은 자의 몫이다.
살아남은 자에게
죽은 자의 슬픔은
중요치 않다.
슬픔에 앞서는 것이
예법
형식은 감정을 지배한다.
살아남은 자는
죽은 자의 슬픔을 모른다.
(아니 아랑곳하지 않는다.)
그들의 유일한 관심은
죽은 자의 슬픔마저도
형식에 합치 하는가
그것뿐.

또 다른 꿈-자연사(自然死)

A할머니는 온종일
손수건을 접고 펴기를 반복하고
B할머니는 오지도 않는
자식을 데려 달라 보챈다.
할머니들의 작업은 진지하고
바램은 간절하건만
들어주는 이 없다.
요양원이라니
인가받은 수용소라 하자.
아직 젊은 우리는
제도를 빌어 대속(代贖)한다.
집에서 自然死하는 것이
꿈이 되어 버린
현실
이제 그 꿈을 위해 투쟁한다.

꽃이 예쁜 나이

밤길을 걷는데
아내도 나도 동시에
걸음을 멈추고 탄성을 짓는다.

- 예뻐. 너무 예뻐.

아파트 뒷담
가로등 빛을 받은
벚꽃 한그루.
수줍은 듯 해사한 얼굴이
곱다.

그 때는 몰랐다.
엄니가 화초를 가꾸는 이유를
길거리에 버려지고
동해(凍害)로 시든
화초는
엄니의 손길로 기적처럼 되살아났다.

젊을 때는 꽃만 보였고
엄니의 마음은 보이지 않았다.

쉰의 나이
아직도 하늘의 뜻은 알 수 없지만
상처 입은 화초에
유독 정성을 기울이던
엄니의 마음은 알 것 같다.

육신을 여읜
엄니는
이 밤
한 떨기 벚꽃으로 피었다.

- 예뻐. 너무 예뻐.

아파트 뒷담
가로등 빛을 받은

벚꽃 한그루
수줍은 듯 해사한 얼굴이
곱다.

- 엄마…. 그리워.

저승꽃

글로 먹고사는 사람 손이
어찌 저리 못생겼을까

손을 다듬어 줄 때마다
아내는 타박한다.

두루뭉술 길쭉 거친 손
등에 피어있는 저승꽃

어매 손을 닮았다.

이미 이승 떠난 어매는
내 손등에 저승꽃으로 피었다.

죽은 자에 대한 예의

육친을 여의고
천륜을 여의고
목 놓아 울었다.
더 이상 만날 수 없음에
지난 세월 쌓인 회한에
몸서리쳤다.
미운 정
고운 정으로
싫다 좋다
다투고 싸웠지만
이제 곁에 없다는 사실에
절망하였다.
누군들 몰랐겠는가.
영원한 만남도
삶도 없다는 것을
이제
떠난 자에 대한 미련을 버리고
그리움마저 버리고

일체의 마음마저 내려놓자.
그것은
죽은 자에 대한 예의
산 자의 의무

제 2 부

나는 누구인가

감동

매 학기 강의를 마치면
자신에게 묻는다.

감동을 주는 강의였던가.

스스로 감동하고
제자들이 감동하는….

나와 네가 둘이 아닌
하나 된 느낌

서로 다른 곳을 바라보고 있어도
이르고자 하는 곳은 같은

나는 네게서
너는 내게서

공명(共鳴)하는 영혼을 느끼는가.

감동은
동감이다.

마흔 아홉이란 나이

마흔아홉
거의 반백 년을 살았다.

사람의 연륜이란

후루룩 펼쳐 놓으면
산수화 같고

스르륵 말아 놓으면
두루마리 같은 것

남은 생은 얼마일까
자신에게 물어보다

헛 헛 웃음 짓는다.
마흔아홉은

그런 나이다.

나는 누구인가

나이 오십에
묻는다.

나는 누구인가.

누구의 남편으로
아빠로
선생으로
살아온 세월

내가 나를 이끌지 못하고
세상에 의해
타인에 의해
규정된 삶

나는 누구인가.

자신에게 묻고 보니

턱 하니 숨이 막혀
한마디 말도 할 수 없다.

50년을 헛살았다.

한숨만 나고
남은 세월 어찌 살지
막막하기만 하다.

죽기 전에는 알 수 있을까.
알고나 죽을까.

나이 오십에
새삼 묻는다.

나는 누구인가.

발가락 양말

발이 시려 신는 게 아니다.
멋으로 신는 것도 아니다.
바람 통하지 않는 전투화 속에서
치열한 생존 현장에서
열 개의 발가락은 절로 짓물렀나니
아이야
멋없는 아빠라고
비웃지 마라.
오늘도 네 아빠는
열 개의 발가락으로
너의 인생을 버티고 있을 터
너는
아빠의 발가락 양말 속에서
자라고 있으니.

나도 아프다

-은행나무의 애원-

사람들아,
작대기로 때리고
발로 차지 마라.
때가 되면
잎도
열매도
절로 내려놓을 터
그마저 기다리지 못하느냐.
때리지 마라
차지도 마라
나도
그대만큼
아.프.다.

나이는 짐이다

뒤돌아보니 적지 않은 세월을 살았다.
평균 수명이 팔십이니 구십이니
100수를 한다니 언론은 호들갑 일색이다.
살아온 인생도 버거운데
앞으로 산만큼을 더 살아야 한다는 말은
협박이자 공갈이다.
기력은 줄어들고
노후자금으로 십 수억이 필요하다는데
늘 청춘이 아닌 바에야
부자가 아닌 바에야
나이가 들수록 삶은 초라하다.
경제적 빈국 부탄은
행복지수로는 세계 1위라던데
살아온 인생을 경제지표로 평가받는
이 나라 이 땅에서
나이는 짐이다.

품격

사람마다
결이 있다.

바라보고만 있어도
포근한 이

곁에만 있어도
끌리는 이

품격은
결이 고운 이의 향기

품격은
결이 곱다.

밀알

밀알은
땅에 묻혀 썩어야
싹을 틔운다.
썩지 않고
싹 나기를 바라는가.
바람처럼 소리 없이
왔다가 흔적 없이 사라지라.
밀알은
땅에 묻힐 때
썩을 때
싹을 틔울 때
아우성치지 않는다.
그저
땅에
몸과 마음을 맡길 뿐이다.

수오지심(羞惡之心)

옛사람들은 부끄럼이 많았다.
왕이 왕답지 못하여
신하가 신하답지 못하여
선생이 선생답지 못하여
제자가 제자답지 못하여
부모가 부모답지 못하여
자식이 자식답지 못하여
산으로, 들로 숨어들었다.
이유는 단 하나
부끄럼 때문이었다.
남의 잘못을 탓하기 전
자신이 옳지 못함을
부끄러워하였다.

요즘 사람들은 부끄럼이 없다.
대통령이 대통령답지 못하고
관료가 관료답지 못해도
선생이 선생답지 못하고

제자가 제자답지 못해도
부모가 부모답지 못하고
자식이 자식답지 못해도
뻔뻔하기 그지없다.
이유는 단 하나
부끄럼이 없기 때문이다.
남의 잘못만 탓하고
자신이 옳지 못함을
부끄러워하지 않는다.

요즘 사람인 내가
옛사람 앞에 부끄러운 이유는
부끄럼을 모르기 때문이다.

얼굴

어디 얼굴 없소.
고운 얼굴 없소.
찡그린 얼굴
화난 얼굴
싫소.
미소 머금은 얼굴
온화한 얼굴
보고 싶소.
내가 당신의 얼굴 되고
당신이 내 얼굴 되소.
화장기 없는 맨얼굴을
세상에 드러냅시다.
이녁의 얼굴이
참 곱소.
그 얼굴을 보는
이 마음이
참 곱소.

관계

관계(關係)는
밀착이 아니라
사이(間)를 두는 것이다.
神과 사람
사람과 사람
불화의 원인은
서로 다가선 탓이다.
사랑을 이유로
다가서지 말고
사랑한다면
사이를 둘 일이다.
장미도
사이를 두고 보아야
아름답지 아니한가.

나

나도 나를 모르는데
사람들은 나를 안다 한다.
어제의 나는 사라지고 없는데
오늘의 나도 쉼 없이 변하고 있는데
나도 모르는 나를
사람들은 안다 한다.
매 순간 태어나고 죽는
나를
사람들이 어찌 알까.
나도 나를 모르는데

죽음

피할 수 없다면
즐기듯
죽음을 대할 수는 없을까.

밥 먹고
TV 보며
일상처럼 맞을 수는 없을까.

죽음이란
혼(魂)과 백(魄)이 분리되어
허공으로 흩어져 사라지는 것이라고

죽음이란
굴절되어 살아온
내 삶의 절정이라고

죽음으로
내 삶은 완성되는 것이라고

말할 수 있을까.

죽음의 순간에

손톱

잘라도 다시
자라나는 손톱처럼
그렇게 식견(識見)도 자라났으면

잘려나간 손톱은
미련 없이 버리듯
그렇게 무지(無知)도 버릴 수 있으면

영혼은
매순간 자라고 비워져
순수해질텐데

오늘도 손톱을 자르지만
넝쿨처럼 자라는
번뇌는 자르지 못하고

유약한 자신만 탓한다.

고독

홀로됨을 두려워 마라
고독은 자유다.
사람과 세상에서 놓여나
나만을 바라본다.
나만을 사랑하고
오롯이 나와 함께 하는 시간
그 속에서
나는 자유다.

비상(飛翔)의 이유

날마다 비상(飛翔)을 꿈꾼다.
힘차게 날아올라 창공을 유영(遊泳)하는 새처럼
날아야 한다.
다른 이유는 없다.
모른다.
다리의 힘이 붙기 전부터
걷고 달려야 했고
날개가 생기기 전부터
나는 법을 배워야 했다.
그뿐
비상은 내 꿈이 아니다.
그(들)의 꿈이다.

날기도 전 추락을 말하는 것은
불경(不敬)이다.
잘한다
대견하다
할 수 있다.

갖은 찬사와 격려 속에
꿈은 강요된다.
모두 너를 위한 것이야
모든 저항을 무력하게 하는
이 한마디는
내 꿈마저도
그(들)의 욕망의 제물로 삼는다.

누구도 말해주지 않았다.
날고자 하는 만큼
깊고 크게 추락한다는 것을.
나는 것에는 끝이 있으되
추락에는 끝도 없다는 것을.
아무리 날고 날아도
창공에는 지친 두 날개를 누일
집이 없다는 것을.
쿵!
대지에 추락한 온몸이 갈기갈기 찢기고서야

알았다.
비상(飛翔)의 이유를.

날면
반드시 추락한다.

모두 사라진다

태양 아래 영원한 것은 없다
자조 섞인 체념으로
세상 속으로 유폐(幽閉)한다.
세속의 삶을 살면서
지은 죄
교만, 아집, 독설, 기만
줄줄이 되뇌며
평생 씻어도 지워지지 않을
죄를 참회한다.
태양 아래 영원한 것이 있는가.
나도
너도
모두 사라진다.
집착보다 미욱한 게 없다.

제 3 부

해탈

칸막이에 갇힌 그들

늦은 밤
역을 나서는데
칸막이 쳐진 긴 의자 위에서
초췌한 행색을 한 이들이 졸고 있다.
해가 지면 새들도 둥지에 깃드는데
노숙자라 불리는 그들은 깃들 공간이 없다.
전국의 모든 역에서는
벤치형 의자가 사라지고
칸막이가 쳐진 긴 의자가 놓였다.
길지만 누울 수 없는 의자
오직 앉아있을 수만 있는 의자
승객들을 위한 조치였을까.
가족과 사회로부터 버림받은 그들의
지친 영혼과 육신을 누일
의자 하나도 허용할 수 없는
우리들의 시든 영혼.
칸막이에 갇힌 것은
그들이 아니다.
우리들이다.

길

길이 있어 걷는 게 아니다.
걷다 보면 길이 되고
길은 곧 삶이 된다.

구하고자 걷는 게 아니다.
걷다 보면 구하게 되고
그 마음마저 절로 사라진다.

동행은 불편하다.
홀로 가라.
혼자일 때

길은
오롯이
내가 된다.

우리는 늘 배고프다

영화관에는
유독 배고픈 사람뿐이다.

팝콘에 굶주리고
코카콜라에 굶주리고

우적우적 씹고
주욱 죽 빨아 마시고

영화를 보면서도
충족되지 않는 정서적 결핍

우리는 늘 배고프다.

멍청한 미꾸리

소낙비 그친 오후
시멘트 덮인 안마당에
난데없는
미꾸리 한 마리
요동친다.
하늘에서 떨어졌나
땅에서 솟았나
무리를 떠나
물길을 거슬러
비상(飛上)한 죄
결과는
죽음이다.
멍청한 미꾸리
날아올랐으면
살아남을 일이지.
자신 없으면
떠나지나 말 일이지.
리차드 바크*를 원망 마라.

가슴 터질 듯 가쁜 숨 앞에서
너는 행복하냐.

---

* 리차드 바크(Richard Bach) : 갈매기 조나단의 저자

은행나무처럼

은행나무는
구차하게 살지 않는다.
노랗게 물든 잎
절정에 이르면
한순간에
폭삭
쏟아버린다.
하나 둘 떨어지는
낙엽은 구질 하다.
떠날 때는
은행나무처럼
미련 두지 말 일이다.

땅을 모르는 새들만 허공을 난다

뱀만큼
개미만큼 땅을 아느냐.
누에만큼
송충이만큼 나무를 아느냐.
꿀벌만큼
나비만큼 꽃을 아느냐.
땅을 모르는 새들만
허공을 난다.
머리로, 다리로, 온몸으로
生을 다투지 않은 자
무엇을 안다고 노래하지 마오.

해탈

벗어나려
애쓰는 마음에 잡히고

집착하지 않으려
애쓰는 마음에 잡히고

잡히지 않으려
애쓰는 마음에 다시 잡히고

해탈하고자 애쓰는 마음은
오히려 구속이다.

다
놓아주라.

해탈이란
본래의 자리로 돌아가는 것

떠난 자리에
남은 건

자유

情이란

有情한 존재든
無情한 존재든
가볍게
정 주지 말 일이다.
주었네, 마네
섭섭하네, 마네
탈도
말도 많다.
情이란 찰거머리 같아서
서로에게 상처를 내고야 만다.

주었으면
그뿐
情에
얽매이지 말 일이다.
주었네, 마네
섭섭하네, 마네
그 마음에서도

떠날 일이다.
情이란 스산한 가을바람 같아서
언제나 쓸쓸한 여운으로 남느니.

이번이 마지막이다

이번이 마지막이다.
다음을 기약하는 삶은
구차하다.
지금 이 순간
활화산처럼 타오르라.
자신을 남김없이
태워버려라.
사라짐을 두려워 마라.
흩어지고
모이고
시작과 끝은
맞닿아 있다.

위로의 역설

괜찮다
걱정하지 마
잘 될 거야
위로하지 말자
목숨이 경각에 달렸는데
자식새끼 먹이고
누일 방 한 칸 없는데
괜찮다
걱정하지 마
잘 될 거야
어설픈 말로 위로하느니
차라리 외면하소

거미

거미는
광장의 구석에
산다.

늘
혼자다.

함께 할 수 없어
홀로 살고

함께 하기 싫어
홀로 산다.

모두가
광장을 동경하지는 않는다.

거미에게
광장은 무덤이다.

떠나는 이유

떠나지 않고도 자유로울 수 있는가.
현실의 애환에 얽매이지 않고
여여(如如)할 수 있는가.
전통과 인습에 굴복하지 않고
자신이 선택한 삶을 즐길 수 있는가.
아집으로 덕지덕지 덧칠된 껍질을 벗어던지고
순일(純一)한 사유의 경지에 이르렀는가.

그렇다면
그대 떠날 이유가 없다.

아직은 떠나지 않고는 자유로울 수 없다.
현실은 질곡의 땅처럼 질퍽이고
버둥거릴수록 거미줄 되어 목을 휘감는다.
개인은 경제적 지표로 규정되고
사회적 상황과 맥락 속에서 이해된다.
주체적 삶을 바라는 것은 어리석다.
이룰 수 없는 꿈은 오히려 절망이다.

하여
오늘도 짐을 꾸린다.

떠나라.
그대 떠날 이유는 충분하다.

펭귄 왕의 고뇌

백척간두의 빙벽으로
몰려드는 백성들
아래 몸을 숨긴 포식자
확인하는 방법은 하나뿐
희생이란 미명아래 몸을 던지는 자
영웅으로 만들 수밖에
비정하다 욕하지 마라
하나를 버리고 전체를 취할 것인가
하나를 구하려 전체를 잃을 것인가
너의 선택은 무엇인가
네가 만일 왕이라면

일벌의 노래

바보라고
놀리지 마라.

노동은 나의 운명
여왕을 위한 헌신

붕붕 날갯짓 흐르는
땀으로 꽃가루를 버무리고
뜨거운 눈물로 꿀을 고아 내느니
단물처럼 흐르는
가슴 속 연정(戀情)을 어이 알리요.

여왕은 아름답고
꿀은 달다.

적은 어둠처럼 스며들고
여우처럼 교활하다.

선택은 오로지 하나

적의 심장에 예리한 침을 꽂고는
내장을 쏟으며 죽는 것뿐.

이것은 나의 마지막 노동
여왕을 위한 마지막 헌신

슬퍼 마라.
운명이다.*

* 노무현 전 대통령의 유서에서 인용한 것이다.

추억

과거의 기억이
모두 빛바랜 흑백사진으로만 남는 것은 아니다.
연륜을 더하고
연민을 보탤수록
과거의 기억은
디지털 영상으로 재생된다.
아픈 기억은 제거되고
슬픈 기억은 미화된다.
나이가 들수록
우리에게는
기억하고 싶은 추억만 남는다.
추억이란
편집된 과거
위장된 자신
우리가 현실에 집착하는 이유는
미래에 추억할 과거가 필요하기 때문이다.

여유

크루아상 한 조각
에스프레소 한잔
지중해의 아침을 여는
호사를 누린다.
휴대폰도
인터넷도 떠난
일상의 삶
인연을 벗어난
이방인-나는 자유다.
힘이 여유인가
여유가 힘인가
'아름다운 시대'*란 뜻을 가진
카페 '라 벨 에포크'**에서
여유의 의미를 묻는다.

---

* 프랑스어로 '라 벨 에포크'(La belle époque)라 한다. 19세기말부터 1차 세계대전이 일어나기까지 서유럽이 평화와 번영을 누렸던 시기. '황금시대'라고도 한다.

** 프랑스 엑상프로방스의 시내 중심가 꾸르 미라보(Cours Mirareau) 거리에 있는 카페 이름

익숙하다는 것은

익숙하다는 것은
너를 믿고 따른다는 것
네 안에서 자유롭고
오랫동안 머물고 싶다는 것
설령 네가 나를 거부할지라도
너를 미워하지 않는다는 것

매일 아침 들리는 카페에서
늘 같은 향을 가진 커피를 마신다는 것
연륜을 더할수록 서로의 얼굴엔 주름이 더하지만
매일 같은 시장, 같은 상인에게 과일을 산다는 것
늘 같은 길을 오가며, 같은 여정을 되풀이하지만
그래도 나는 행복하다 위안하며 사는 것

익숙하기에
길들여지고

익숙하기에
수용하면서

오늘을 살아갑니다.

익숙하다는 것은
삶의 다른 말입니다.

제 4 부

인도기행

인도기행 1

- 델리의 첫날밤 : 호텔 City Lite -

델리공항에 내리자
학생 다섯 명 모두
하얀 마스크를 쓴다.
이유를 물으니
매연이 심해서란다.
공항에서 택시를 타고
호텔로 가는데
길을 잃고 한 바퀴를 더 돈다.
당신 실수이니
요금 깎아 달라며 실랑이를 벌여도
악명 높은 델리의 택시운전사를
어이 이길쏘냐.
City Lite는 싸구려 호텔
스펀지 매트리스에 눅눅한 배게
담요는 달랑 한 장
밤새 추위로 오돌돌 떨었다.
이십 대 젊은 학생들을 겁 없이
따라나선 내 잘못이지.

델리의 첫날밤은

이방인에게 친절하지 않다.

인도기행 2
- 인도의 개는 짖지 않는다 -

인도에 와서
개도
짖지 않을 수 있음을

사람에 대한
적의와 경계의 눈빛이 사라진
개도 있을 수 있음을

사람도
개도
무심할 수 있음을

알았다.

인도기행 3
- 숙명 -

인도 빈민들의 삶은 처참하다.
그들의 얼굴에는
삶에 대한 어떠한 애환도 드러나 있지 않다.
체념을 넘어
절망이 스며있다.

쓰러질 듯 위태한 가옥
남루한 의복
거친 음식으로는
인도 빈민들의 고단한 삶을 알 수 없다.

삶의 중력을 홀로 떠받치듯
느릿느릿 딛는 발걸음
두려운 듯 깊이 숨은 눈동자

인도에는
사람도
소도

그저
묵묵히 걷는다.

숙명이다.

인도기행 4

- 무질서도 질서 -

인도의 도로는
자동차 경주 게임보다 흥미진진하다.
1분 1초 긴장을 늦출 수 없는
실제 상황
장면을 바꾸어
끊임없이 몰려오는 장애물들
자가용, 버스, 트럭, 오토바이, 오토릭샤,* 자전거, 사람
그리고 소
질서라곤 찾아볼 수 없는 도로
긴장과 흥분으로 이방인의 심장은 터져버릴 것 같다.
당장 대형사고가 일어날 것 같은 상황
사람도
소도
태연하다.
인도에서는
무질서란 없다.
무질서도 질서다.

---

* 오토릭샤는 오토바이 제동 방식을 적용하여 개조한 세 바퀴 자동차인데, 마치 삼륜트럭의 모양을 한 운송수단이다.

인도기행 5

- 기준을 세우지 마라 -

인도는
무변(無變)의 땅이다.
외부인을 받아들이되
자신의 변화는 거부한다.
변화와 적응은 외부인의 몫
치부는 치부대로
긍지는 긍지대로
드러내기를 겁내지 않는다.

인도는
혼동의 땅이다.
사람과 자동차가 뒤엉킨
도로는 무질서의 극치
헉헉 숨이 막히는 매연과 소음
법규와 통제는 의미 없다.
나는 스스로 보호해야 할 주체
남에게 기댈 수 없다.

인도는
경배의 땅이다.
처절하고 극한의 삶을 사는
인도 하층민
그들의 눈을 보라.
사원에서 기도하는
그들의 간절한 몸짓을 보라.
애절하되 비굴하지 않다.

인도는
무욕(無慾)의 땅이다.
개인으로는 극복할 수 없는
한계와 거친 현실
강고한 사회체제
욕심을 내는 순간 넘어진다.
인도에서는
자신의 기준을 세우지 마라.

인도기행 6

- 사이클 릭샤 Cycle Ricksaw* 인력거의 노래 -

나는
세 개의 바퀴로
돌고 도는
삶을 돌린다.
나는
사람도 싣고
물건도 싣는다.
나의 무게는
당신의 체중도
물건의 하중도 아니다.
나는
카르마에 얽힌
내 삶의 무게를
싣고 달린다.
나귀처럼 사는 인생이라
동정하지도
비웃지도 마라.

---

* 사이클 릭샤는 바퀴가 세 개 달린 자전거. 뒤에 사람을 태우거나 물건을 싣고 운반한다. 예전 우리나라의 인력거와 비슷하다.

매연으로 내 폐는 썩어들고
한 끼 식사는
비스켓 한조각
짜이* 한잔
허벅지 근육은 터질듯
입에는 단내가 나오.
난마처럼 얽힌 거리에서
매순간 살고 죽지만
내게도 어여쁜 아내와
자식이 있다.
나는
오늘도
세 개의 바퀴로
돌고 도는
삶을 돌린다.
신이시여!
나를 축복하시라.
God bless you.

** 짜이는 인도인들이 즐겨 마시는 차의 한 종류

인도기행 7

- 오토릭샤 Auto Ricksaw* 운전사의 노래 -

아그라 Agra**에서 만난
오토릭샤 운전사는 우리말을 곧잘 한다.
빨리빨리, 바빠요
한국에서 일한 적 있다는
그의 뇌리에 각인된 두 마디
빵빵 경음기를 울리며
치고 드는 자동차와 오토릭샤 사이를
목숨 걸고 곡예 운전한다.
"아그라 놈들은 모두 미쳤어."
다람쥐처럼 운전대를 비틀며
연신 욕을 해댄다.
그에게 승객의 안위는 중요하지 않다.
우리는 그저
아이쿠! 어~어~!
외마디 소리만 지를 뿐
목숨을 그에게 바쳐야 한다.

---

* 오토릭샤는 오토바이 제동 방식을 적용하여 개조한 세 바퀴 자동차인데, 마치 삼륜 트럭의 모양을 한 운송수단이다.

** 인도 북부에 있는 도시 이름. 타지마할 Taj Mahal이 이곳에 있다.

목적지에 도착하고서야
안도의 숨을 몰아쉬지만
인도에서 오토릭샤를 피할 순 없다.
우리말을 곧잘 하는
아그라의 오토릭샤 운전사는
빨리빨리, 바빠요
몇 마디 우리말로 한국인 승객을 꼬드길 테다.
"아그라 놈들은 모두 미쳤어."
연신 욕을 해대며
다람쥐처럼 운전대를 비틀고 있을 테다.

인도기행 8

- 길에서 사는 사람들 -

1.
치렁치렁 넝마 옷을 걸친 가족이
헝겊 조각으로 얼기설기 엮은 집에서
산다.
네댓 살배기 딸 아이
둘
가난한 엄마, 아빠 앞에서
까르륵 까르륵 재롱을 떤다.
까만 얼굴을 한 젊은 부부의
해맑은 미소
가지런한 이빨이 하얗다.

2.
길은
빈민들의 삶의 터전이다.
이발을 하고
틀니도 한다.
구걸도 하고
날품팔이 장사도 한다.

쓰러져 자고
배설도 한다.
길은
빈민들의 고향이다.

3.
길에서는
버려진 아이들이 산다.
애절한 눈빛으로
구걸하는 아이들
국가도
사회도
돌보지 않는다.
체제와 제도,
권리란 말은
모순덩어리
마더 테레사의 눈물은
여전히 인도를 적시고 있다.

인도기행 9

- 자비의 대가(代價) -

1.

예닐곱이나 되었을까.
누더기를 걸친 여자아이가
서너 살배기 남동생을 안고 있다.
가녀린 손을 입에 대며
배가 고프니 돈을 달라 애원한다.
그 모습 애처롭고 가련하여
지폐 한 장 쥐어준다.
말없이 웃는 미소 속 드러난
아이의 하얀 이빨이 눈부시다.

2.

빨간 신호등 앞에 멈춰 선 버스 옆
한 사내아이가 다가와
불쑥 손을 내민다.
1루피 지폐 한 장 쥐어준다.
아뿔싸, 우루루 몰려드는 아이들
불쑥 손을 내민다.

차마 거절하지 못해
1루피 지폐 한 장씩 쥐어준다.

3.
구걸하는 아이들은 당당하다.
여러 번 돈을 주었지만
고맙다는 말 한번 들어본 적 없다.
불쑥 손을 내밀고는
돈만 받고 사라진다.
예의 없다
버릇 없다
돈을 주었으면 고마워할 줄 알아야지
모든 말과 생각은 부질없다.

4.
아이들은 구걸을 한 것이 아니다.
자비를 베푼 대가(代價)를 받은 것일 뿐
고마워해야 할 이는 아이들이 아니라

바로 나
츄잉껌 한통도 사지 못할
1루피 지폐 한 장으로
어디서 한량없는 복덕을 짓겠는가.

오로빌 1

- 새로운 창조 -

델리에서 첸나이를 거쳐
폰디체리까지
비행기와 자동차로 여섯 시간을 달려
평화공동체 오로빌_Auroville을 찾았다.
게스트 하우스 정문
흘림체로 씌어진
두 단어는
새로운 창조_New Creation
사람과 자동차,
오토바이와 가축이 뒤엉킨
인도
남단의 한적한 시골에서
앙드레라는 프랑스인 촌장은
어떤 새로운 창조를 원하는가.
고양이와 개들마저도
악의와 경계를 놓아버린
오로빌에서
나는 무엇을 놓아주랴

해방시키랴
구함도 없고
얻음도 없다.
그것이 새로운 창조런가.

오로빌 2

- 오로빌의 물음 -

게스트 하우스 건물은 온통 흰색이다.
교도소를 연상케 하는 오로빌에는
모든 게 부족하고 불편하다.
화장실은 불결하고 화장지도 없다.
수세식 좌변기의 수압은 약하여
물을 내려도 변이 둥둥 떠다닌다.
샤워기의 물은 냉기만 가신 정도
숙소 방에는 단출한 살림살이
좁은 침대, 옷장, 그리고 책상은
모두 하나씩
벽에 걸린 찢어진 달력은
6개월 전에 머물러 있다.
삶과 죽음-혼잡과 고요-편리와 불편
극단의 가치가 혼재하는 이곳 오로빌은
내게 묻는다.
문명과 야생에 대해.

오로빌 3

- 돈의 의미 -

오로빌에서는
신용이
거래와 가치의 기준이다.
자본과 시장을 떠받치고
사람의 가치를 결정하는
화폐는 의미 없다.
돈이 있어도
신용카드가 있어도
공동체 은행의 계좌 없이는
무용지물.
식당에서도
가게에서도
계좌번호를 제시하면
그만
화폐는 유통되지 않는다.
화폐 거래가 사라진
이곳에서
돈의 의미를 묻는다.

오로빌 4

\- Solar Kitchen*에서 -

오로빌에서
먹는다는 것은
삶의 최소한이다.
욕망을 덜어내고
티끌만큼의 찌꺼기도
비우는 일이다.
먹기 위해 사육하고
사육당하는
지배와 피지배의 고리를
끊는 일이다.
먹기 위한 이유로
살생을 정당화할 수 있는가.
오로빌리언들은 묻는다.
오로빌에서
'먹는다'는 것은
신성의식을 회복하고
한가족이 되기 위한 엄숙한 제전(祭典)이다.**

---

* Solar Kitchen은 오로빌에 있는 자연식을 제공하는 식당

** 오로빌리언들은 '신성의식'(Divine Consciousness)에 헌신해야 한다. 그들은 '신성가족'(Divine Family)으로 이뤄진 공동체를 꾼다.

오로빌 5

- 고립인가, 자유인가 -

오후 한나절을 게스트하우스 방에서 뒹굴었다.
이름을 알 수 없는 열대새의 고막을 찢는 듯한 울음
유치원에 다니는 아이들의 재잘거림과 음매~ 소 울음
알아들을 수 없는 인도여인들의 수다
웅웅 소음으로 뒤섞여 귓전을 울린다.

갑자기 누워있는 방 주위가 소란스럽다.
내집 네집에 대한 아무런 관념도 없는 아이들의 습격
창문 앞뒤로 뛰어다니며 숨박꼭질을 한다.
아이들에게 예의와 범절은 얼마나 하찮은가.
부귀와 귀천은 한나절 놀이에 불과하다.

이국땅 인도의 남단 오로빌 게스트 하우스 골방
철저하게 나를 유폐한다.
아무도 나를 알지 못하고 찾지 않는다.
고립인가, 자유인가
오로빌 골방에서 존재의 본질적 고독을 묻는다.

오로빌 6

- 마트리만디르 -

마을 중앙에는
오로빌의 영혼
마트리만디르_Matrimandir*가 있다.

우주의 평화와 기원을 담은
원구(圓球)**를
금색의 작은 원구로 둘렀다.

절대 침묵의 공간
절대 신성의 공간
종교를 떠난 공간

거대한 구조물이 필요했을까.

---

* 마트리만디르는 '마더의 사원'(Temple of the Mother)이란 의미. 오로빌헌장은 일체의 종교성을 인정하지 않는다. 그러므로 마트리만디르는 실제로는 '사원'이 아니라 '침묵의 명상을 위한 공간'(a place for silent concentration)이다.

** 마트리만디르의 외관을 두르고 있는 수많은 원구는 태양광을 수집하는 접시로 만들어져 있다.

석조물로 꾸며진
내부
물 흐르는 연꽃문양 위

수정구 하나.

마트리만디르는 신성의식***의 세계로 가는
마법의 대문이런가.

*** 신성의식(Divine Consciousness)은 '오르빌헌장' 1항에 언급되어 있다. "오르빌은 어떤 특정인의 것이 아니라 온 인류의 것이다. 그러나 오르빌에서 살려면 신성의식에 기꺼이 헌신해야 한다."

오로빌 7

- 반얀트리 -

풀 한 포기 자라지 않는 황무지
홀로 수 천년을 서 있었다.
세상의 그늘이 되고자 가지를 뻗었고
우주의 기둥이 되고자 줄기를 키웠다.
나의 목표는 평화와 조화 속
인류의 일체성을 실현하는 것
그 염원을 모아
정치와 종교, 국적을 초월한
국제적 공동체 오로빌을 만들었다.
내 이름은 반얀트리_Banyan Tree*
나는
오로빌의 정령(精靈)이다.

---

* 오로빌의 중앙에 있는 나무. 마트리만디르 바로 옆에 원형광장과 함께 있다.

오로빌 8

- 평등한 삶은 가능한가 -

경쟁이 싫어
갈등과 불신
억압과 통제가 싫어
고향을 떠나
오로빌리언이 되었다.

국가와 제도의 통제에서 벗어난
오로빌리언들은 자유인이다.

무엇을 먹는지
무엇을 생각하는지
무엇을 행하는지
아무도 관심을 두지 않는다.

경쟁적 삶에서 벗어난
오로빌리언들은 행복한가.

공산주의와 자본주의의 이상이
공존하는 이곳에도
빈부의 격차를 벗어날 수 없다.

먹고 마시고
살고 생활하는 주거
누리는 삶의 질은
자본의 지배를 받는다.

경쟁과 통제를 벗어난
오로빌에서 묻는다.

평등한 삶은 가능한가.

오로빌 9

- 아이들은 행복한가 -

오로빌에서
교육은 무상이다.

교사는 길을 제시할 뿐
학생을 강제하지 않는다.

따돌림과 소외
경쟁과 입시가 사라진
교실

아이들은 행복하다.

의무보다는 권리가
경쟁보다는 자율이
강제보다는 방임이
규율인 교실에서

아이들은 행복한가.

자신의 존재 이유와
삶의 목표에 대한 고민
직업의 선택마저도

아이들의 몫이다.

길만 제시하고
이끌어주지 않는
교실

경쟁과 강제
의무가 사라진
교실

아이들은 행복한가.

오로빌 10
- 더 마더 -

프랑스 여인 미라 알파사_Mira Alfassa는
오로빌에서 '더 마더'_The Mother라 불린다.
영혼의 동반자 스리 오로빈도_Sri Aurobindo*의 비전을
오로빌로 구현한 정신적 지도자

마더는 말한다.
오로빌은
다양성 속에서 인간의 일체성이 실제로 드러나는 공간**
인간이 새로운 진화의 단계***로 나아가는 공동체가 되어야
한다고.

마더가 없었다면
스리 오로빈도가 뿌린 사상과 비전의 씨앗은

---

* 스리 오로빈도는 뱅갈의 유력한 가문 출신으로 영국 캠브리지에서 수학하였다. 고국으로 돌아온 오로빈도는 인도의 독립운동에 투신하였으나 후에 자신의 독특한 요가 철학을 확립하였다. 영혼의 동반자인 프랑스 여인 미라 알파사를 만나 '더 마더'로 명명하였다.

** Auroville is intended as a site for the manifestation of an actual human unity in diversity.

*** the next step in human evolution

오로빌이란 열매로 자라날 수 없었을 터
인도 남단의 폰디체리_Pondicherry**** 의 버려진 땅은
아직도 황무지로 남아있었을 터

창조는
무릇
여성에게서 시작되는 법이다.

**** 푸두체리 P(h)uducherry라고도 한다. 이 지역은 한때 프랑스의 식민지배를 받았다.

오로빌 11

\- 스리 오로빈도와 칼 맑스 -

스리 오로빈도의 영성이 깃든
오로빌 객사에서
칼 맑스를 읽는다.

하늘의 불을 훔쳐 인간에게 전해 준
프로메테우스가 되고자 했던
그를

인간의 지성을 훔쳐
세상을 밝히고자 한
그를

침묵과 명상을 포기하고
혁명과 투쟁을 선택한
그를

스리 오로빈도의 집
오로빌에서 만난다.

저승꽃

저자 채형복

발행 2013년 3월 27일
교정 높이깊이
편집디자인 편집부
표지디자인 편집부

발행처 높이깊이
발행인 김덕중

출판등록 제4-183호

주소 서울 성동구 성수1가동 22-6 우편번호 133-819
전화 02)463-2023(代) 팩스 02)2285-6244

E-mail djysdj@naver.com

정가 6,500원

ISBN 978-89-7588-251-7